El viaje de su vida

Lisa Ray Turner y Blaine Ray

Written by Lisa Ray Turner and Blaine Ray
Illustrations by Laia Amela Albarran
Layout design by Nataly Valencia Bula

Published by:
TPRS Books
9830 S. 51st Street-B115
Phoenix, AZ 85044

Phone: (888) 373-1920
Fax: (888) 729-8777
www.tprsbooks.com | info@tprsbooks.com

ISBN-10: 1-60372-422-2
ISBN-13: 978-1-60372-422-7

Índice

Capítulo 1
Una mujer misteriosa

Carlos Ayala está de viaje. Es el viaje de su vida. El viaje es un regalo de sus padres. Va a hacer el viaje con sus padres y su hermana. Su hermana se llama Teresa. Viajan en un crucero en el mar Caribe. El crucero va a la península de Yucatán en México.

Carlos, Teresa y sus padres se suben al crucero en Miami. La Florida es hermosa. No es

1

como Cincinnati, donde vive la familia Ayala. Es un lugar tropical con muchas palmeras por todas partes.

El crucero es fabuloso. Es grande y blanco. Cuando la familia Ayala se sube al barco, ven a mucha gente. La gente lleva ropa de turista. Todos los que trabajan en el crucero llevan ropa blanca—camisas blancas y pantalones cortos. Una de las mujeres grita:

—¡Bienvenidos a La Fiesta!

—Este barco es hermoso —dice la mamá de Carlos.

Está hablando muy fuerte. Carlos tiene vergüenza porque piensa que todos pueden oír las palabras de su madre. Su voz es muy fuerte.

—Hermoso —le dice el papá de Carlos a su esposa.

—El barco se llama La Fiesta porque cada día es como una fiesta aquí —dice la mujer.

El papá se ríe y dice:

—Me gusta este barco y me gustan las fiestas.

Carlos y Teresa se miran y se ríen. Piensan que su padre es un poco loco a veces.

Todos van a sus cuartos. La familia Ayala va a su cuarto. Es muy pequeño. Las camas son muy pequeñas y hay un baño pequeño también.

Todo es azul. Carlos es muy alto. Cuando entra en el cuarto, tiene que bajar la cabeza porque la puerta no es muy alta.

—Este es un hotel muy barato. Pero estamos en el agua —dice Carlos.

—El cuarto pequeño no es importante. La gente que va de vacaciones en un crucero no pasa mucho tiempo en el cuarto —dice la mamá de Carlos—. En el barco hay bailes, películas, buena comida y mucho más. Hay de todo aquí. No importa dónde duermas.

—Sí. En el crucero puedes comer veinticuatro horas al día. Vamos a comer ahora —dice el papá.

Él siempre tiene hambre.

—Sí, vamos. ¡Tengo hambre! —le grita Teresa.

Teresa siempre tiene hambre también. Cuando el crucero sale, todos salen a buscar comida. El barco es muy grande. Es muy difícil encontrar la comida. Hay muchas personas. Todos llevan ropa bonita y tienen caras felices. Los Ayala andan por mucho tiempo. Después de buscar por diez minutos, encuentran un restaurante. El camarero es muy grande con dientes blancos y el pelo largo y liso. Cuando los ve, les dice:

—¡Hola! ¿Qué quieren comer?

—Una hamburguesa —le dice el papá.

—Quiero un jugo de naranja y un sándwich de jamón —le dice la mamá.

—Yo quiero pizza con mucho queso —le dice Teresa.

—Y yo, una Coca-Cola bien grande —le dice Carlos.

El camarero sonríe y regresa a la cocina.

—Miren el mar. Es muy hermoso —dice el papá.

Todos observan el mar. Es de un color azul bonito y todos pueden ver el sol en la distancia. El papá les dice:

—No hay nada así en Ohio.

—Es muy cierto, papá. No hay nada en Ohio —le responde Teresa.

—No digas eso, Teresa. Ohio es bonito y es donde vivimos —le dice la mamá.

Carlos estudia a las personas allí en el restaurante. Hay otra familia con tres hijos. Están comiendo una pizza grande. También hay tres mujeres viejas en la mesa de al lado. Están jugando a las cartas y bebiendo Coca-Cola. Hay algunas parejas también. Una pareja es vieja. Carlos cree que son abuelos. Hay otra pareja que anda en ropa de playa. Tienen pelo negro.

Son muy guapos pero no se hablan. Carlos piensa que tienen algún problema porque nunca se hablan. No dicen nada.

Después los ojos de Carlos ven a una mujer en un rincón. Es alta. Tiene el pelo largo y liso. Su pelo es muy diferente porque es morado. Sus labios también son morados. Lleva un vestido azul con un suéter blanco. Tiene los brazos largos y delgados. Carlos sigue mirándola.

—Mira a esa mujer —dice Carlos—. Ella es la primera mujer que veo con el pelo morado.

—Estoy de acuerdo, Carlos. Ella es muy diferente. Y muy flaca —le dice Teresa.

—Aquí tienen Uds. la comida. Hay una hamburguesa, pizza, Coca-Cola y un jugo de naranja. También hay un sándwich de jamón —les dice el camarero cuando llega con la comida.

Todos comen y todos hablan. Hablan del crucero y del océano. Hablan de Ohio y Florida y México. Carlos no escucha. Está observando a esa mujer, la mujer con el pelo morado. Teresa tiene razón. La mujer realmente es diferente. Tiene los brazos largos y delgados. Ella es como un insecto. Sus brazos y piernas son como los brazos y piernas de un insecto.

La mujer insecto se sienta al lado de una

pareja en la mesa de al lado. Carlos se pregunta: "¿Es la hija de ellos?"

Ella les habla a ellos. Carlos trata de escuchar pero no oye nada. La mujer ríe. Después la mujer insecto hace algo. No es normal. Carlos está sorprendido. La mujer insecto pone la mano debajo de la mesa y agarra algo. Carlos no puede ver lo que agarró pero él sabe que tiene algo en la mano. Él trata de verlo. No ve nada. En un instante Carlos ve una luz brillante. La luz es como el reflejo de un diamante. La mujer insecto pone la cosa en el bolsillo de su vestido.

Carlos piensa que la mujer insecto robó algo. Ahora entiende que no es la hija de ellos. Es una ladrona. Les robó algo. Es terrible porque le robó algo importante a esa pareja vieja.

Carlos trata de no mirar. Piensa que no debe mirar pero es imposible. Mira y sigue mirando.

Carlos mira a la mujer insecto y la mujer insecto lo mira a él. No le gustan los ojos de la mujer. Son ojos malos y crueles. Piensa que son ojos de ladrona. Posiblemente son los ojos de una persona que mata. Seguramente son los ojos malos de una persona mala.

La mujer se levanta y anda lentamente. Anda como una persona que no tiene preocupaciones. Anda como una persona honesta. Carlos piensa:

"¡Oh, no! ¡Qué mujer tan mala!"

La mamá mira a Carlos y le dice:

—Carlos, ¿qué pasa? ¿Estás enfermo?

Carlos escucha a su mamá y se despierta de sus pensamientos.

—No, mamá, estoy bien. Estoy muy bien. No estoy enfermo. Me gusta el crucero.

Carlos bebe su Coca-Cola pero no se siente bien. Se siente mal, muy mal.

Ahora la mujer insecto sale del restaurante. Tiene algo en las manos o en el bolsillo de su vestido. Carlos sabe que tiene algo. La mujer tiene la apariencia de una persona mala. Solo Carlos sabe por qué.

Capítulo 2
La tierra
de los mayas

Todos están comiendo. Todos tienen hambre. Todos menos Carlos. Carlos no tiene hambre. Carlos solo puede pensar en la mujer insecto. Él no piensa en nada más que ella. No le dice nada a nadie acerca de ella. No sabe qué hacer. Se pregunta: "¿Quién es? ¿Por qué roba? ¿Por qué le robó algo a esa mujer vieja? ¿Qué robó? ¿Debe hablar con otra persona acerca de ella? Pero ¿con quién? No hay policías en el crucero." Carlos piensa en todo esto cuando la familia camina al restaurante para cenar.

Se sientan a la mesa. Hay lugares para seis personas. Carlos no sabe quién se va a sentar en los otros lugares.

—Tengo hambre —dice el papá—. La comida es buena. Es buena en todos los cruceros.

—Claro que es buena la comida —dice

la mamá—. Este barco se llama La Fiesta. La comida tiene que ser buena.

—¿Tienen pizza? —le pregunta Teresa—. Quiero comer pizza.

A Teresa le gusta la pizza más que nada. Solo come pizza. No quiere comer otra cosa.

Carlos y su familia comen el pan que está en la mesa. Mientras comen, dos personas vienen y se sientan a la misma mesa. Carlos está muy sorprendido cuando ve quienes son. Es la pareja vieja.

—Hola —dice la vieja.

Ella les sonríe. Es muy simpática y es un poco gorda. Es muy similar a una abuela.

—Soy María Mendoza.

—Y yo soy Hugo Mendoza.

El hombre es muy viejo. No tiene mucho pelo. También sonríe mucho.

—Somos la familia Ayala —dice el papá—. Mucho gusto. Soy Roberto y esta es mi esposa Mónica. Estos son nuestros hijos. El chico es Carlos y la chica es Teresa.

—Es un placer —dice la Sra. Mendoza.

Mira a Carlos y Teresa.

—Sus hijos son muy guapos.

La Sra. Mendoza es como su abuela. Sonríe como ella y habla como ella. Carlos se siente como un niño de cuatro años.

—Es un placer comer con Uds. El crucero es bonito, ¿no? —dice la mamá.

—Sí. Todo es muy hermoso —les dice la Sra. Mendoza—. Y es un placer comer con Uds.

—Es muy bueno conocer a personas como Uds. —les dice el señor Mendoza—. ¿De dónde son Uds.?

—Somos de Cincinnati. Somos de Ohio —dice el padre—. ¿Y Uds?

—Vivimos en Los Ángeles ahora. Tenemos muchos años en los Estados Unidos. Realmente somos de una isla en México. Se llama Cozumel. Está cerca de Cancún. Estamos emocionados porque vamos a visitar México. Es la primera vez en muchos años. El barco va a estar en Cozumel mañana.

—¿Cómo es Cozumel? —les pregunta la madre.

El Sr. Mendoza habla mucho de Cozumel y de México. Dice que es una isla tropical. Hay muchas playas bonitas. Hay muchos turistas. Hay muchas plantas. El océano es muy bonito. El agua es muy bonita y clara. Hay muchos corales y peces. Nunca hace frío.

—Es la tierra de los mayas —les dice la señora Mendoza.

Ella habla rápidamente como una persona

11

emocionada.

—¿Quiénes son los mayas? —le pregunta Teresa.

—¿No sabes nada sobre los mayas? —le pregunta la Sra. Mendoza.

—¿Los mayas antiguos? ¿Ellos existen ahora? —le pregunta Teresa.

—Hay muchos mayas ahora. Los mayas comen comida maya. Hablan maya. Hacen mucho de lo que los mayas antiguos hacían. Nosotros somos mayas. Y somos un gran pueblo —le contesta la Sra. Mendoza.

—Es cierto —le responde Carlos—. Nosotros estudiamos a los mayas en nuestra clase de español.

Carlos sabe mucho de sus ciudades y su religión. Carlos sabe que los mayas eran muy buenos en matemáticas. El alfabeto de los mayas no era un alfabeto de letras. Era un alfabeto pictórico. Ellos dominaron una gran parte de México y Centroamérica por muchos años.

—Tengo una razón especial para visitar México —les dice la Sra. Mendoza—. Tengo un regalo para mi hermana. Ella vive en México ahora.

—¿Un regalo? —le pregunta Carlos.

—Sí. Es un collar. Es un collar de mi abuela.

No tengo hijos pero tengo un collar. El collar es parte de mi familia. Quiero dárselo a mi hermana Susana. Después ella puede dárselo a su hija —dice la señora Mendoza.

Carlos se siente triste. Ahora sabe que esa mujer le robó el collar a la señora Mendoza. Es un collar de la familia, un collar especial, un collar muy viejo. Carlos se pone muy enojado cuando piensa en esto.

—Queremos darle el collar en Chichén Itzá —les dice la señora Mendoza.

—¿Chichén pizza? ¿Qué es eso? —le pregunta Teresa.

—Chichén Itzá es una ciudad antigua de los mayas. Nosotros vamos a verla mañana o al día siguiente —les dice Carlos.

—Ya veo, ya veo —le dice Teresa.

—El Castillo allí es una pirámide. Es lo más impresionante de las ruinas —les dice la Sra. Mendoza—. En la pirámide maya es donde quiero darle el collar a mi hermana. Es un lugar muy especial para nosotros los mayas.

—Qué bueno —dice Teresa—. Una pirámide. ¿Es muy vieja, como las pirámides de Egipto?

—Sí, es muy vieja —dice el señor Mendoza—. El Castillo y Chichén Itzá estaban allí muchos años antes de Cristóbal Colón.

—Qué interesante —contesta Teresa—. El Castillo y Chichén Itzá son viejos, más viejos que nuestro padre.

Teresa se ríe pero su padre no se ríe.

—Chichén Itzá es un lugar muy especial para los mayas —les dice la Sra. Mendoza—. Mi hermana va para allá y vamos a darle el collar. Estoy muy emocionada de ver a mi hermana.

Hace muchos años que no la veo.

Carlos no sabe qué hacer. ¿Debe hablar de la mujer con los Mendoza? Mira los ojos de la señora Mendoza. Ella es muy simpática. Carlos no le puede dar las noticias malas del collar. Si ella sabe que no tiene el collar, va a estar muy triste. Carlos va a encontrar el collar. Va a buscar a esa mujer. Carlos va a encontrar el collar y dárselo a la señora Mendoza.

Capítulo 3
El secreto

—Estás de mal humor. ¿Por qué estás de mal humor? —le pregunta Teresa a Carlos.

Teresa se enoja con Carlos. Carlos está preocupado por los Mendoza. Se preocupa tanto que no se divierte en el crucero. Toda la familia se divierte menos Carlos. Los otros van a bailar pero Carlos no va con ellos. Los padres miran el mar pero Carlos no los acompaña. Ahora Carlos quiere buscar a la mujer insecto. Después de comer Carlos anda por todas partes del barco buscando a la mujer insecto.

—Carlos, ven con nosotros. Diviértete. Vamos a jugar. No estés de mal humor —le dice Teresa.

—No me molestes, Teresa. Estoy pensando en cosas más importantes —le dice Carlos.

—¿Por ejemplo? —le pregunta Teresa—.

¿Estás pensando en caminar un poco o dormir? Carlos, estamos en un crucero en el mar Caribe. Estamos en el crucero para divertirnos. Pero tú no te diviertes nada. No haces nada. Necesitas vivir, Carlos.

—Teresa, no tengo tiempo para divertirme. Tengo cosas importantes que hacer —le responde Carlos.

—Oh, sí, sí, como andar muy preocupado por el barco —le dice Teresa.

—No es eso —le dice Carlos.

—¿Qué? ¿Qué es lo que es? —le pregunta Teresa.

—Es un secreto —le dice Carlos.

—Me encantan los secretos. Dime tu secreto. No se lo digo a nadie. Tu secreto es mi secreto. Te lo prometo —le dice Teresa.

—Teresa, por favor, no se lo digas a nuestros padres. ¿De acuerdo? —le responde Carlos.

—No le digo nada a nadie. Tu secreto es mi secreto —le repite Teresa.

—¿Recuerdas a esa mujer diferente? La mujer que tiene la apariencia de un insecto.

—¿La mujer rara con el pelo morado?

—Sí, ella —le dice Carlos.

Carlos le dice todo. Le dice que la mujer insecto le robó el collar especial a la familia

18

Mendoza.

—¡Esto es terrible! —le grita Teresa—. Tenemos que encontrar a esa mujer terrible.

—¿Dónde está? Hace mucho tiempo que la busco. No la encuentro.

—¡Qué tonto eres, Carlos! No sabes dónde buscar —le dice Teresa—. Ella no va a andar por el barco. Pienso que va a los lugares populares. Va a las fiestas de medianoche. Va a los shows del crucero en la noche.

—Teresa, tú eres la que sabes todo. ¿Dónde está ella?

—Está en el bufé de medianoche. Es asombroso. Todos van y llevan ropa elegante. Hay música súper buena y comida fenomenal. Ella va a estar allí. Es seguro.

—Es posible, Teresa.

—Vamos, Carlos. Vamos a buscarla.

—De acuerdo. Vamos.

—Y Carlos, diviértete. Sonríe.

****

Hay toda clase de comida por todas partes en el bufé de medianoche. Hay carne y queso, pescado y pollo, pan y mantequilla, helado y pastel, comida de México, comida de Italia, comida de Francia, comida de todas partes. ¡Comida! ¡Comida! ¡Comida!

Hay mucha gente en la cena. La gente lleva ropa elegante. Todos sonríen. Es una fiesta enorme.

Un grupo mexicano está tocando. El grupo se llama El Norteño. Todos están bailando.

Teresa tiene razón. Todos van a la comida de medianoche. Carlos quiere ver a la mujer insecto.

Carlos pide un helado. Teresa pide pizza con mucho queso. Los dos comen con gusto.

—Esta comida es maravillosa —le dice Teresa.

—Esto es muy divertido —le dice Carlos—. Estoy feliz.

Mientras come, busca a la mujer insecto.

—¿Ves a tu ladrona? —le pregunta Teresa.

—Todavía no —le dice Carlos.

—Va a venir. Todos vienen a la comida de medianoche —le contesta Teresa.

—Ya veo. Hay mucha gente aquí.

—¿Te gusta la música? —le pregunta

Teresa—. Están cantando en español.

—Sí. Me gusta —le dice Carlos.

—Quiero bailar, Carlos. No sé bailar. Vamos a bailar. Tú puedes enseñarme a bailar —le dice Teresa.

Carlos come el helado y Teresa come la pizza. Los dos salen a bailar. Carlos le enseña a Teresa a bailar. Piensa que es extraño bailar con su hermana pero no importa. Las hermanas tienen que bailar también.

—Tú bailas muy bien —le dice Carlos.

—¿De veras? —le pregunta Teresa.

Carlos está bailando cuando ve a la mujer insecto. No lo puede creer. Allí está sentada a una mesa comiendo pan, queso y helado. Está sola en la mesa.

—Teresa —le dice Carlos—, mira. Allí está la mujer insecto.

Teresa mira.

—Tienes razón —le dice ella—. Esta noche se parece aún más a un insecto en ese vestido largo y negro.

—Sí, es cierto —le dice Carlos—. ¿Qué hago ahora? ¿Llamo a la policía? ¿Hablo con el capitán? ¿Hablo con nuestros padres?

—Habla con ella —le dice Teresa—. Dile que sabes que ella robó el collar. Ella les va a devolver el collar a los Mendoza. Estoy segura.

Carlos tiene miedo. Y no quiere hablar con esa mujer mala. Le tiene miedo.

—Yo sé qué hacer —le dice Teresa—. Habla con ella e invítala a bailar contigo. Pueden hablar y bailar al mismo tiempo.

—No sé —le dice Carlos—. No quiero bailar con ella.

—Carlos, es importante. Los Mendoza necesitan tu ayuda.

Carlos camina hacia la mujer insecto.

—Disculpa —le dice—. ¿Quieres bailar?

La mujer insecto está muy sorprendida. Le dice a Carlos:

—Tú eres muy joven para mí. ¿Cuántos años tienes?

—No importa —le responde Carlos.

La mujer insecto es joven pero no tan joven como Carlos. Tiene unos 25 o 30 años.

La mujer insecto sonríe. Sonríe con la boca pero no sonríe con los ojos. Por fin le dice:

—Pues sí, vamos a bailar. Me gusta la música.

Carlos camina con ella. Tiene miedo. Quiere hablar con ella pero no sabe qué decirle.

Mientras bailan, empiezan a conversar.

Su nombre es Liba Tyler. Vive en Nueva

York. Quiere ir a México para ver Chichén Itzá. No le habla a Carlos de su trabajo pero Carlos sabe que ella es ladrona.

Bailan dos canciones. Después Liba le dice a Carlos:

—Creo que te conozco. Creo que recuerdo. Te vi en el restaurante ayer.

Carlos tiene más miedo que nunca. Él le dice:

—Tú robaste un collar. Sé que robaste un collar. Sé que lo tienes ahora.

Liba Tyler no baila más. Con ojos fríos mira a Carlos.

Le dice:

—No sabes nada.

—¡Dame el collar de los Mendoza! —le grita Carlos.

Liba le mira los ojos.

—Mira, niñito, no me hables más de eso. Vas a tener problemas. Vas a tener muchos problemas. No más. ¡BASTA YA! —le grita Liba.

Liba se va. Carlos está muy enojado. Quiere regresar a su dormitorio. No quiere hablar de nada. No quiere bailar. Solo quiere dormir.

Capítulo 4
Chichén Itzá

—¡Estamos en Cozumel! ¡Me encanta Cozumel! Quiero muchas fotos —grita la madre mientras andan por las calles de San Miguel. San Miguel es la única ciudad en la isla. Realmente no es una ciudad. Es un pueblo.

—Es hermoso —dice el padre—. Es como dicen los Mendoza. Miren el mar. Es precioso. Me encanta el color azul.

Hoy Carlos, Teresa y los padres salen para las ruinas de la ciudad antigua de los mayas. Salen para ver Chichén Itzá. Carlos está muy emocionado porque va a ver El Castillo. Quiere ver una ciudad que tiene 2.500 años. Quiere fotos de todo. Nadie vive en Chichén Itzá ahora. Los Ayala andan rápidamente por las calles de San Miguel. Necesitan llegar al barco que va para Playa del Carmen. Playa del Carmen está en la península de Yucatán. En Playa del Carmen van

a tomar un autobús para Chichén Itzá.

Mientras andan, Carlos ve a un policía en la calle.

—¡Esperen un momento! —les grita a los otros—. Ya los alcanzo. Voy a tomar unas fotos.

—Está bien —le responde la mamá—. Vamos a esperarte en esa tienda. Quiero comprar una camisa.

Los padres y Teresa van a la tienda y Carlos va hacia el policía. El policía está sentado en su carro. Es delgado con ojos pequeños. Carlos habla con él acerca del collar de los Mendoza y la mujer insecto.

—Es muy triste —le contesta el policía—. La pobre familia Mendoza. Lo siento mucho pero no te puedo ayudar. Necesitas hablar con un oficial del crucero. Puede ayudarte mucho más que yo.

—Por favor, señor policía. Ud. tiene que hacer algo. Los Mendoza son viejos. Esa mujer es terrible. Es ladrona.

—No puedo ayudarte. Tienes que encontrar un policía americano. Él puede ayudarte —le dice el policía mexicano—. Yo no puedo perseguir a los ladrones que vienen de los Estados Unidos. Es mucho trabajo y después regresan a los Estados Unidos y no tengo nada. ¿Comprendes? Es mucho trabajo para nada. Habla con el capitán del crucero. Él puede ayudarte.

—Gracias —le dice Carlos con una voz de enojo.

Se va triste y desilusionado. Piensa: "¿Así es? ¿La policía de aquí no me va a ayudar?" No hay policía en el crucero. Carlos no puede hacer nada. En los Estados Unidos, tampoco puede hacer nada. Los Mendoza van a regresar a Los Ángeles. Los Ayala van a regresar a Cincinnati. Y Liba Tyler va a volver a Nueva York con el collar de los Mendoza. Carlos trata de no pensar en esto. Posiblemente en los Estados Unidos pueda hacer algo.

Carlos regresa con su familia. Andan hacia el barco. El barco está listo para salir. Carlos y su familia se suben al barco.

—Hola, Carlos —le dice una voz en el barco.

Carlos mira hacia atrás y ve a los Mendoza.

—Es un placer verte de nuevo —continúa el Sr. Mendoza.

—El placer es mío —le responde Carlos—. ¿Cómo está hoy?

—No estoy contento. No estoy nada contento —le dice el Sr. Mendoza.

Carlos sabe por qué la familia Mendoza no está contenta pero no les dice nada.

—Qué lástima. Este es su día especial. Hoy van a ver Chichén Itzá —dice Carlos.

—Las cosas no van bien. Tenemos un gran problema. No sabemos dónde está el collar de la familia.

—¡Qué terrible! —les dice Carlos.

—Sí, es terrible —le dice la Sra. Mendoza—. Quiero llorar.

—Nosotros vamos a buscarlo y vamos a encontrarlo —le dice el Sr. Mendoza.

—Estoy triste porque hoy es el día en que quiero darle este regalo tan especial a mi hermana. Puedo mandarlo por Federal Express pero no es lo mismo —le dice la Sra. Mendoza—. Mi hermana y yo somos mayas. El collar es maya. Estamos en la tierra de los mayas. Quiero darle el collar especial en la tierra de los mayas.

—Lo siento mucho —le dice Carlos.

Sonríe pero no dice más. El barco sale para Playa del Carmen. Todos miran el mar. Nadie está mareado excepto el papá. El papá está muy feliz cuando llegan al puerto de Playa del

Carmen. Se bajan del barco y van directamente al autobús que les va a transportar a Chichén Itzá.

El autobús pasa por la selva. Hay muchas plantas y árboles. Es una selva grandísima. Hace mucho calor y el aire es muy húmedo. Pasan por pueblos pequeños y miran a la gente trabajando. Los hombres llevan guayaberas y las mujeres huipiles. Las guayaberas son camisas con cuatro bolsillos. Los huipiles son vestidos blancos. Están asombrosamente blancos.

Después de tres horas y media el autobús llega a Chichén Itzá. Todos se bajan. Carlos está observando. Carlos observa a Liba cuando ella se baja del autobús. Está sonriendo. Lleva una camiseta blanca con pantalones cortos azules. Lleva una bolsa al hombro. "¿Está el collar en la bolsa?", se pregunta Carlos.

Carlos ve a la pobre Sra. Mendoza. Ella está muy triste porque no tiene el collar. Carlos ve a Liba, la mujer insecto. Tiene que encontrar el collar para la señora Mendoza.

En un instante Carlos corre hacia Liba.

—¡Ladrona! —le grita.

Mira a la Sra. Mendoza y le grita:

—¡Esa mujer tiene su collar!

La señora Mendoza se pone pálida. Tiene miedo.

31

—Estoy seguro. Ella lo robó. Lo robó en el crucero.

—Hijo, ¿qué estás diciendo? ¿Estás loco?

—No, papá. ¡Esa mujer robó el collar! —le grita Carlos.

Carlos se da la vuelta pero Liba ya no está. Carlos ve que ella está corriendo hacia la antigua ciudad maya de Chichén Itzá.

Capítulo 5
El encuentro peligroso

—¡Mamá! ¡Papá! ¡Esa mujer es una ladrona! —les grita Carlos—. Sra. Mendoza, esa mujer tiene su collar. Lo robó de su bolsa cuando estábamos en el crucero.

—¡Qué terrible! —grita la señora Mendoza—. ¿Qué podemos hacer?

—Vamos a buscar un policía —les dice la mamá—. La policía la puede atrapar.

—Mi amor, la mujer mala ya no está. Está en la selva. La selva tiene muchos árboles. Es imposible encontrarla en la selva —le dice el Sr. Mendoza a su esposa.

—Sí, es cierto —le dice la señora Mendoza—. Es imposible encontrarla en la selva. Hay muchas plantas, árboles y animales.

—Pero ella no puede escapar —les dice Teresa—. Es una ladrona y tiene la evidencia.

—Más tarde podemos buscar a la policía pero ahora vamos a buscarla a ella —les dice Carlos—. No puede escapar. Somos muchos y ella es una sola.

—No más. Basta ya —contesta la señora Mendoza—. Estamos en México. Estamos en Chichén Itzá. Estoy feliz porque voy a ver a mi hermana. Es un día hermoso. No quiero pensar en esa mujer mala.

—Sí, María, tienes razón —le dice la Sra. Ayala—. Vamos a buscar a Susana y olvidarnos de la mujer insecto. ¡Vamos a buscar a la mujer insecto mañana!

Los señores Mendoza se agarran de la mano y andan lentamente por la calle. Están tristes cuando piensan en el collar pero tratan de no pensar en él. La familia Ayala anda por la calle también. Un grupo de niñas corre hacia ellos.

—¿Quieren comprar algo?

Las niñas andan con bebidas y collares. Llevan vestidos de muchos colores.

La familia Ayala compra algunas cosas. Carlos compra agua. Hace mucho calor en México. Hace mucho más calor en México que en Ohio. Carlos quiere beber diez botellas de agua. Todo el grupo compra agua. Todos tienen calor y todos tienen sed. El agua está muy buena.

Las niñas están muy contentas por el dinero que reciben.

En pocos minutos la familia Ayala está en la ciudad antigua de Chichén Itzá. Es emocionante estar en una ciudad antigua. Es difícil creer que los mayas de Chichén Itzá vivían aquí hace miles de años. No hay mucho en los Estados Unidos con miles de años de historia.

Andan y ven una pirámide muy grande. Se llama El Caracol. Entran y van al Caracol. Es muy grande. Los mayas estudiaban las estrellas desde El Caracol. Los mayas pensaban que la astronomía era muy importante. Pensaban que conocían a los dioses cuando estudiaban las estrellas.

Más tarde los Ayala van a donde los mayas jugaban un juego muy similar al fútbol americano. Hay una diferencia. Si no ganabas en este juego, perdías la cabeza. Carlos está contento de no vivir en ese tiempo.

Es emocionante estar en Chichén Itzá. La familia Ayala aprende mucho acerca de las personas que vivían allí antiguamente. Pero Carlos está pensando en los Mendoza. Está muy preocupado por sus problemas. Está triste por ellos. Carlos comprende por qué la Sra. Mendoza quiere darle el collar a su hermana aquí. Chichén Itzá es grande y muy bonito. Es fenomenal. Lo más fantástico de todo es El Castillo.

El Castillo es grande—súper grande. Carlos lo mira y piensa en las pirámides egipcias. Hay una diferencia obvia entre las pirámides egipcias y la pirámide maya. La pirámide maya es plana por encima. Carlos y Teresa quieren subir al Castillo pero hace mucho calor. Primero deciden sentarse debajo de un árbol y beber un refresco.

Más tarde Carlos y Teresa suben al Castillo. Los escalones son pequeños porque los mayas eran pequeños. Los pies de Carlos son muy grandes. Hace mucho calor pero suben y suben. Quieren ver la ciudad desde arriba. Cuentan los escalones. Hay 91. Cada escalón representa un día del año. La pirámide tiene cuatro lados. Y cada lado tiene 91 escalones. Encima de la pirámide hay un templo. El techo del templo es una gran plataforma. Esta plataforma representa el día número 365 del año.

Al fin están en la parte más alta de la pirámide. Lo miran todo. Todo es muy hermoso. Hay muchos árboles. Hay muchas plantas bonitas. Chichén Itzá es impresionante desde arriba. Todos los turistas miran. Miran la

parte más antigua de Chichén Itzá. Están muy impresionados con todo lo que ven.

—No me gusta —dice Teresa—. La pirámide es demasiado alta.

—A mí me gusta —le dice Carlos—. Es fantástica.

—Sí, pero tengo miedo —le dice Teresa—. No me gustan los lugares muy altos. Me voy a bajar.

—Sí, es muy alto —le dice Carlos—. ¿Es posible caerse desde aquí?

—Si una persona se cae, se muere —le dice Teresa.

Teresa comienza a bajar El Castillo. Carlos no baja. En un instante una persona le agarra del cuello. No puede respirar.

—Tú eres una cucaracha. Les dices todo a todos. Piensas que sabes mucho —dice la persona.

Es Liba Tyler. Carlos trata de escapar pero no puede. Carlos tiene miedo. Carlos tiene mucho miedo. En toda su vida no ha tenido tanto miedo.

Ahora Liba le suelta el cuello y Carlos puede respirar.

—Carlos, vas a caerte del Castillo. Vas a ser muy famoso porque vas a morir en Chichén Itzá. ¿Qué van a pensar tus padres? ¿Van a llorar? ¿Y tu hermana? ¿Qué va a pensar ella? No va a tener hermano. Va a estar sola con tus padres. Es muy triste, Carlos. Tu hermana va a llorar cuando te caigas del Castillo. Pobre Carlos—muerto y solo tiene 16 años. Es muy triste.

—¡Eres mala! —le grita Carlos—. Robas y además eres una asesina.

—No soy una asesina —le contesta Liba—. Hasta ahora no lo soy pero no sabemos qué va a pasar en el futuro.

Liba se ríe. Se ríe como una persona muy mala. Liba no es simplemente la mujer insecto.

41

Es peor que un insecto. No hay nadie peor que la mujer insecto.

—¡Por favor! ¡Quiero irme! —le grita Carlos—. ¡Por favor! ¡Quiero irme ahora!

Liba agarra un cuchillo y se lo pone delante del cuello de Carlos. Anda hacia el borde del Castillo. Liba y Carlos están muy, muy cerca del borde.

—¡Quiero irme! —le grita Carlos.

—No es posible. Sabes demasiado. El collar de los Mendoza no es un collar normal. No es un collar típico. Ese collar tiene mucho valor. Es muy antiguo y vale millones de dólares.

—¿Cómo lo sabes? —le dice Carlos.

Carlos quiere hablar con Liba. Mientras Liba habla, no lo empuja.

—Conozco a Rosina Mendoza. Me dijo todo acerca del collar —contesta.

—¿Rosina Mendoza? ¿Quién es ella? —le pregunta Carlos.

—Es la hija de Susana, la hermana de María Mendoza. La Sra. Mendoza quiere darle el collar a ella. Pero no es posible. Ahora no. El collar es mío. Ellos no tienen el collar.

—¿Qué tipo de mujer eres? —le grita Carlos—. Le robas a una mujer vieja.

—Soy una mujer mala —le contesta Liba—.

42

Soy muy mala. Pero voy a ser una mujer mala y rica. Voy a ser rica si tú no haces nada. Pero si hablas con la policía, no voy a ser rica.

Carlos cierra los ojos. No sabe qué hacer. Si trata de escapar, puede caerse del Castillo. Piensa en su cuerpo cayendo del Castillo. Si se cae, se muere.

Carlos no sabe qué hacer pero sabe que es demasiado joven para morir.

Capítulo 6
El collar

—Carmen Ochoa, suelta el cuchillo.

Carlos escucha la voz de un hombre. No conoce a Carmen Ochoa. Y no sabe quién es el hombre que habla porque tiene los ojos cerrados y no conoce la voz.

Después Carlos abre los ojos. Mira a un hombre delgado. Es el policía de Cozumel. No lo puede creer.

—Carmen, no seas tonta —le dice el policía—. Suelta al chico.

—No —le dice Liba—, el chico va a morir.

El policía está muy calmado.

—Carmen, tienes muchos problemas. No necesitas más problemas. Suelta al chico.

Carlos escucha todo. Piensa: "Ella se llama Carmen. No se llama Liba. ¿Entonces quién es Liba?"

—Dame el cuchillo, Carmen —le dice el

policía.

Carmen suelta el cuchillo. El policía lo recoge.

—Está bien, Carmen. Ahora, suelta al chico.

Carmen quita la mano del cuello de Carlos. Empuja a Carlos hacia el policía.

—¡Tú eres una cucaracha! —le grita Carmen.

A Carlos no le importa nada lo que grita Carmen. Está muy contento de estar vivo. No se cayó desde la parte más alta del Castillo.

El policía agarra a Carmen.

—Carmen, ¿por qué haces esto? ¿No aprendes nunca?

Dos policías más se suben a la parte más alta del Castillo. Agarran a Carmen del brazo. Le hablan a ella pero Carlos no les escucha.

Carlos camina muy despacio. Se siente enfermo y sus piernas están muy cansadas.

—¿Estás bien chico? —le pregunta el policía delgado.

Carlos no se siente bien pero no lo quiere admitir.

—Estoy bien. No me pasa nada —le dice Carlos.

—Estás un poco pálido —le dice el policía—.

¿Puedes bajar la pirámide sin problema?

—Sí, puedo bajar. Es mucho mejor bajar a pie que bajar por el aire.

El policía ríe. Carmen no ríe. El policía baja lentamente con Carmen. Carmen no se escapa. Carlos baja con las piernas muy cansadas.

Cuando llegan abajo, viene otro policía y Carmen va con él. El policía delgado acompaña a Carlos hacia su familia. Carlos está muy feliz cuando mira a su familia.

El policía les dice:

—Su hijo es un héroe.

—¿Quién? ¿Carlos? —le pregunta Teresa—. No lo creo.

El policía le sonríe a Teresa y le dice:

—Sí, es cierto. Carlos nos ayudó a capturar a una persona muy mala.

—¿Carlos? ¿Es cierto? —le pregunta el papá.

Cuando la mamá mira a Carlos le dice:

—Carlos, ¿estás bien?

—Estoy bien, mamá. No me pasa nada —le dice Carlos.

—Carmen Ochoa es una ladrona. Es una persona muy mala. Les roba collares y relojes a muchas personas. Siempre les roba a las personas viejas. Siempre les roba a los turistas americanos.

—¡Qué terrible! —les dice la mamá.

—Hablé con Carlos en Cozumel. Yo pensé que no era nada. Después pensé en Carmen Ochoa —les explica el policía.

—¿Pero Liba es de Nueva York o Carmen es de Nueva York? —le pregunta Carlos—. ¿Cómo sabe Ud. el nombre de ella?

—Todos los policías en México la conocemos —le dice el policía—. No vive en Nueva York y no es americana. Vive en Mérida o Cozumel o Cancún. Si hay turistas en una ciudad, Carmen vive allí. Carmen vive en todas las ciudades que tienen turistas. Es una ladrona terrible. Les roba a muchos. Les roba a muchos turistas.

—Así que no se llama Liba —le dice Carlos.

—No. Ella usa muchos nombres diferentes —le dice el policía.

—¿Por qué está Ud. en Chichén Itzá? —le pregunta la mamá.

—Después de hablar con Carlos en Cozumel, vine a Chichén Itzá. Necesitaba saber si el chico hablaba de Carmen. Cuando llegué a Chichén Itzá, sabía que en realidad era la famosa Carmen Ochoa —les contesta el policía de Cozumel.

—Me gusta —dice Teresa—. Mi hermano...

un héroe.

—Realmente eres un héroe, Carlos —le dice la mamá.

—Bien hecho, hijo —le dice el papá.

—Sí, Carlos, realmente bien hecho, ¡muy bien hecho! —le dice Teresa.

Mientras todos hablan, la familia Mendoza mira a la familia de Carlos. Otra mujer vieja está con ellos y también hay una chica muy joven y bonita con ellos.

—María, tenemos información muy importante para Uds. —dice la mamá.

—¡Qué bueno! Esta es mi hermana Susana y esta es su hija Rosina —les dice la Sra. Mendoza.

—Mucho gusto —les dicen todos.

—¿Qué información tienen para mí? —les pregunta la Sra. Mendoza.

—Carlos, diles —le dice el papá.

—La policía encontró el collar —les dice Carlos— y arrestaron a la ladrona también.

La Sra. Mendoza se pone muy feliz. Está muy emocionada y le pregunta:

—¿Dónde está?

Uno de los policías anda hacia ellos. En la mano tiene un collar hermoso. El collar es de oro. Tiene la apariencia de una estrella de oro con jade en las puntas y un diamante en medio.

La Sra. Mendoza toma el collar. Ahora está muy contenta.

—Gracias —les dice a Carlos y al policía—. Gracias por todo. Gracias por encontrar el collar.

—De nada —le dice Carlos.

—No es nada —le dice el policía.

—¿Qué dicen Uds.? —les pregunta la Sra. Mendoza a Susana, a Rosina y al Sr. Mendoza—. ¿Quieren subir El Castillo como nuestros antepasados?

—Sí —dicen todos—, y arriba podemos darle el collar a Rosina.

—Este es un día muy especial para ellos —dice la mamá— gracias a Carlos.

Carlos se pone rojo.

—Vamos a comer —les dice Carlos—. Tengo hambre.

—Buscar ladrones puede dar hambre —le dice el papá.

Los Ayala se ríen. El policía le da las gracias a Carlos de nuevo y se va. Carmen ahora no está. Carlos sabe que todo va a resultar bien. Es la experiencia más increíble de su vida.

Glosario

A

a *to, at*
abajo *below, down*
abre *s/he opens*
abuela *grandma*
abuelos *grandparents*
acerca: acerca de *about*
acompaña *s/he goes with*
acuerdo *agreement*
    estoy de acuerdo *I agree*
    ¿de acuerdo? *Do you agree?*
además *besides*
admitir *to admit*
agarra *s/he grabs*
    le agarra el cuello *s/he grabs his neck*
agarran *they grab*
    agarran a... del brazo *they grab... by the arm*
    se agarran de la mano *they hold hands*
agarró *s/he grabbed*
agua *water*
ahora *now*
aire *ai*
al *to the, on the*
    bolsa al hombro *bag on the shoulder*
    mesa de al lado *next table*
alcanzo *I reach*
    ya los alcanzo *I will catch up to you*
alfabeto *alphabet*
algo *something*
algún *a, an*
algunas *some*
allá *there*
    para allá *(to) there*

allí *there*
alto(s) *tall*
americana / americano(s) *American(s)*
amor *love*
anda *s/he walks*
andan *they walk*
andar *to walk*
animales *animals*
antepasados *ancestors*
antes (de) *before*
antigua / antiguo(s) *old, ancient*
antiguamente *anciently, long ago*
año *year*
    ¿Cuántos años tienes? *How old are you?*
apariencia *appearance*
aprende *s/he learns*
aprendes *you learn*
aquí *here*
árbol(es) *tree(s)*
arrestaron *they arrested*
arriba *above, up on top*
asesina *killer*
así *like this*
    así es *that's the way it is*
    así que *so*
asombrosamente *amazingly*
asombroso *amazing*
astronomía *astronomy*
atrapar *to catch*
atrás *behind*
aún *even*
autobús *bus*
ayer *yesterday*
ayuda *s/he helps*

ayudar *to help*
ayudarte *to help you*
ayudó *s/he helped*
azul(es) *blue*

B
baila *s/he dances*
bailan *they dance*
bailando *dancing*
bailar *to dance*
bailas *you dance*
baile(s) *dance(s)*
baja: se baja *s/he gets out, goes down*
bajan: se bajan *they get off*
bajar *to lower, to go down*
   me voy a bajar *I'm going to go down*
baño *bathroom*
barato *cheap*
barco *boat*
basta: basta ya *that's enough*
bebe *s/he drinks*
beber *to drink*
bebidas *drinks*
bebiendo *drinking*
bien *very, well, OK*
   bien grande *really big*
bienvenidos *welcome*
blanca(s) / blanco(s) *white*
boca *mouth*
bolsa *bag, purse*
bolsillo(s) *pocket(s)*
bonita(s) / bonito(s) *pretty*
borde *edge*
botellas *bottles*
brazo(s) *arm(s)*
brillante *bright*
buena(s) / bueno(s) *good*
bufé *buffet*
busca *s/he looks for*

buscando *looking for*
buscar *to look for*
buscarla *to look for her*
buscarlo *to look for it*
busco *I look for*

C
cabeza *head*
cada *each, every*
cae: se cae *s/he falls*
caerse *to fall*
caerte: vas a caerte *you're going to fall*
caigas: te caigas *you fall*
calle(s) *street(s)*
calmado *calm*
calor *heat*
   hace calor *it's hot (weather)*
   tienen calor *they are hot (people)*
camarero *waiter*
camas *beds*
camina *s/he walks*
caminar *to walk*
camisa(s) *shirt(s)*
camiseta *t-shirt*
canciones *songs*
cansadas *tired*
cantando *singing*
capitán *captain*
capturar *to capture*
Caracol *Observatory*
caras *faces (noun)*
Caribe *Caribbean*
carne *meat*
carro *car*
cartas *playing cards*
Castillo *Castle*
cayendo *falling*
cayó: se cayó *s/he fell*
cena *dinner*

cenar *to have dinner*
Centroamérica *Central America*
cerca: cerca de *near*
cerrados *closed*
chica *girl*
chico *boy*
cierra *s/he closes*
cierto *certain, true*
ciudad *city*
ciudades *cities*
clara *clear*
claro *of course*
    claro que es... *of course it is...*
clase *class, kind*
    toda clase de *all kinds of*
cocina *kitchen*
collar(es) *necklace(s)*
color(es) *color(s)*
come *s/he eats*
comen *they eat*
comer *to eat*
comida *food, meal*
comiendo *eating*
comienza (a) *begins (to)*
como *like, as*
cómo *how?*
    ¿Cómo es...? *What is... like?*
compra *s/he buys*
comprar *to buy*
comprende *to understand*
comprendes *you understand*
con *with*
conoce *s/he knows, meets*
    no conoce la voz *he doesn't recognize the voice*
conocemos: los policías la conocemos *we policeman know her*
conocer *to meet*

conocían *they knew, they were meeting*
conozco *I know*
contenta(s) / contento(s) *happy*
contesta *s/he answers*
contigo *with you*
continúa *s/he continues*
conversar *to converse*
corales *coral*
corre *s/he runs*
corriendo *running*
cortos: pantalones cortos *shorts*
cosa(s) *thing(s)*
cree *s/he believes*
creer *to believe*
creo *I believe*
Cristóbal Colón *Christopher Columbus*
crucero(s) *cruise, cruise ship(s)*
crueles *cruel*
cuando *when*
cuántos *how many*
cuarto(s) *room(s)*
cuatro *four*
cucaracha *cockroach*
cuchillo *knife*
cuello *neck*
cuentan *they count*
cuerpo *body*

D
da *s/he gives*
    se da la vuelta *s/he turns around*
dame *give me (command)*
dar *to give*
darle *to give her*
dárselo *to give it (to her)*
de *of, from*
debajo: debajo de *below, under*

debe *s/he should*
deciden *they decide*
decirle *to say to him/her, to tell him/her*
del *of the, from the, about the*
delante de *in front of*
delgado(s) *thin*
demasiado *too much, too*
desde *from*
desilusionado *disappointed*
despacio *slowly*
despierta: se despierta *s/he wakes up*
después *afterwards, later*
    después de *after*
devolver *to return (something)*
día *day*
    veinticuatro horas al día *24 hours a day*
diamante *diamond*
dice *s/he says, tells*
dicen *they say, they tell*
dices *you say, you tell*
diciendo *saying*
dientes *teeth*
diez *ten*
diferencia *difference*
diferente(s) *different*
difícil *difficult*
digas: no digas *don't say (command)*
digo *I tell*
    no se lo digo a nadie *I won't tell anybody*
dijo *s/he told*
dile *tell him/her (command)*
diles *tell them (command)*
dime *tell me (command)*
dinero *money*
dioses *gods*
directamente *directly*

disculpa *excuse me (command)*
distancia *distance*
divertido *fun (adjective)*
divertirme: no tengo tiempo para divertirme *I don't have time to have fun*
divertirnos: estamos en el crucero para divertirnos *we are on the cruise ship to have fun*
divierte: se divierte *s/he has fun, has a good time*
diviertes: te diviertes *you have fun*
diviértete *have a good time, have fun (command)*
dólares *dollars*
dominaron *they dominated*
donde, dónde *where*
dormir *to sleep*
dormitorio *bedroom*
dos *two*
duermas *you sleep*

E
e *and*
egipcias *Egyptian*
Egipto *Egypt*
ejemplo *example*
    por ejemplo *for example*
el *the*
él *him, he, it*
elegante *elegant*
ella *her, she*
ellos *them, they*
emocionada(s) / emocionado(s) *excited*
emocionante *exciting*
empiezan *they start*
empuja *pushes*
en *in, on, at*

encanta: me encanta el color *I love the color*
encantan: me encantan los secretos *I love secrets*
encima *above, on top*
   por encima *on top*
encontrar *to find*
encontrarla *to find it/her*
encontrarlo *to find it/him*
encontró *s/he found*
encuentran *they find*
encuentro *encounter; I find*
enfermo *sick*
enoja: se enoja con *s/he gets mad at*
enojado *mad, angry*
enojo *anger*
enorme *enormous*
enseña *s/he teaches*
enseñarme *to teach me*
entiende *s/he understands*
entonces *then*
entra (en) *s/he enters, goes in*
entran *they enter*
entre *between*
era *s/he / it was*
eran *they were*
eres *you are*
es *s/he /it is*
esa *that*
escalón *step*
escalones *steps*
escapa *s/he escapes*
escapar *to escape*
escucha *s/he listens, hears*
escuchar *to listen*
ese / eso *that*
español *Spanish*
especial *special*
esperarte *to wait for you*
esperen *wait (plural command)*

esposa *wife*
esta *this*
está *s/he /it is*
   está de viaje *s/he is on a trip*
estados *states*
Estados Unidos *United States*
estábamos *we were*
estaban *they were*
estamos *we are*
están *they are*
estar *to be*
estás *you are*
este *this*
estés: no estés *don't be*
esto *this*
estos *these*
estoy *I am*
estrella(s) *star(s)*
estudia *s/he studies*
estudiaban *they studied*
estudiamos *we study, we studied*
evidencia *evidence*
excepto *except*
existen *they exist*
experiencia *experience*
explica *s/he explains*
extraño *strange*

F
fabuloso *fabulous*
familia *family*
famosa / famoso *famous*
fantástica / fantástico *fantastic*
favor: por favor *please*
felices, feliz *happy*
fenomenal *phenomenal*
fiesta *party*
fiestas *parties*
fin *end*
   por fin *finally*

G-5

flaca *skinny*
fotos *pictures*
    tomar fotos *to take pictures*
Francia *France*
frío(s) *cold*
    hace frío *it's cold (weather)*
fuerte *loud*
fútbol *soccer*
futuro *future*

G
ganabas *you won*
gente *people*
gorda *fat*
gracias *thanks*
gran *great, big*
    gran parte *large part*
grande(s) *big*
grandísima *very large*
grita *s/he screams, shouts*
grupo *group*
guapos *good-looking*
guayaberas *fancy shirts for men in parts of Mexico*
gusta *is pleasing*
    le gusta *is pleasing to him/her*
    me gusta *is pleasing to me*
    te gusta *is pleasing to you*
gustan *are pleasing*
    le gustan *are pleasing to him/her*
    me gustan *are pleasing to me*
gusto *pleasure*
    mucho gusto *nice to meet you*

H
ha *s/he has (done something)*
    no ha tenido tanto miedo *he hasn't been so afraid*
habla *s/he talks*

hablaba (de) *s/he was talking (about)*
hablan *they talk*
hablando *talking*
hablar *to talk*
hablas *you talk*
hablé *I spoke, I talked*
hables: no me hables *don't talk to me (command)*
hablo *I talk*
hace *s/he makes, does*
    hace miles de años *thousands of years ago*
    hace muchos años que no la veo *I haven't seen her for many years*
    hace mucho tiempo que la busco *I've been looking for her for a long time*
hacen *they do, they make*
hacer *to do, to make*
haces *you do, you make*
hacia *towards*
hacían *they did, they made*
hago *I make, I do*
hambre *hunger*
    tiene hambre *is hungry*
hamburguesa *hamburger*
hasta *until*
hay *there is, there are*
hecho *done, made*
    bien hecho *well done*
helado *ice cream*
hermana(s) *sister(s)*
hermano *brother*
hermosa / hermoso *beautiful*
héroe *hero*
hija *daughter*
hijo *son*
hijos *children*
historia *history*

hola *hi*
hombre *man*
hombres *men*
hombro *shoulder*
honesta *honest*
horas *hours*
hotel *hotel*
hoy *today*
huipiles *special white dresses worn in parts of Mexico*
húmedo *humid*
humor *mood*
    de mal humor *in a bad mood*

I
importa *it matters*
importante(s) *important*
imposible *impossible*
impresionados *impressed*
impresionante *impressive*
increíble *incredible*
información *information*
insecto *insect*
instante *instant*
interesante *interesting*
invítala *invite her*
ir *to go*
    quiero irme *I want to leave*
isla *island*
Italia *Italy*

J
jade *jade, green gem*
jamón *ham*
joven *young*
juego *game*
jugaban *they played*
jugando (a) *playing*
jugar *to play*
jugo *juice*
    jugo de naranja *orange juice*

L
la *her, it*
    la que *she who, the one who*
labios *lips*
lado(s) *side(s)*
    al lado de *beside*
    mesa de al lado *next table*
ladrona *robber, thief*
ladrones *thieves*
largo(s) *long*
las *the*
lástima *pity, shame*
    qué lástima *too bad, what a shame*
le *(to) her, (to) him*
    le agarra el cuello *grabs his neck*
    le robas a una mujer *you steal from a woman*
lentamente *slowly*
les *(to) them, from them*
letras *letters (alphabet)*
levanta: se levanta *gets up*
liso *straight, smooth*
listo *ready*
llama *calls*
    se llama *is called, is named*
llamo *I call*
    me llamo *I am called, my name is*
llega *s/he arrives, gets to*
llegan *they arrive*
llegar *to arrive*
llegué (a) *I arrived (in), I got (to)*
lleva *s/he wears, is wearing*
llevan *they wear, are wearing*
llorar *to cry*
lo *it, him*
    lo miran todo *they look at everything*
    lo que *what*

¿Qué es lo que es? *What is it?*

todo lo que *everything that*

loco *crazy*

los *the, them*

    los Ayala *the Ayalas*

lugar(es) *place(s)*

luz *light*

M

madre *mother*

mal / mala(s) / malo(s) *bad*

    qué malo *that's awful*

mamá *mom*

mandarlo *to send it*

mano(s) *hand(s)*

mantequilla *butter*

mañana *tomorrow*

mar *sea*

maravillosa *marvelous*

mareado *seasick*

más *more, most*

    dos policías más *two more policemen*

    la parte más alta *the highest part*

    más que nada *more than anything*

    más… que *more… than*

mata *s/he kills*

matemáticas *math*

maya(s) *Mayan*

me *me, to me, myself*

media *half*

medianoche *midnight*

medio *middle*

    en medio *in the middle*

mejor *better*

menos *except*

mesa *table*

    mesa de al lado *next table*

mexicano *Mexican*

mi *my*

mí *me*

    para mí *for me*

    a mí me gusta *it is pleasing to me*

miedo *fear*

    no ha tenido tanto miedo *he hasn't been so afraid*

    (le) tiene miedo *is afraid (of her)*

mientras *while*

miles *thousands*

millones *millions*

minutos *minutes*

mío *mine*

mira *s/he looks (at); look (at) (command)*

miran: se miran *they look at each other*

mirando *looking (at)*

mirándola *looking at her*

mirar *to look (at)*

miren *look at (command)*

misma / mismo *same*

    lo mismo *the same thing*

misteriosa *mysterious*

molestes: no me molestes *don't bother me*

momento *moment*

morado(s) *purple*

morir *to die*

mucha(s) / mucho(s) *a lot*

muere: se muere *s/he dies*

muerto *dead*

mujer *woman*

mujeres *women*

música *music*

muy *very*

N

nada *nothing*
   más que nada *more than anything*
nadie *no one*
naranja *orange*
necesitaba *I needed*
necesitan *they need*
necesitas *you need*
negro *black*
niñas *little girls, kids*
niñito *little kid*
niño *boy, kid*
no *no*
noche *night*
nombre(s) *name(s)*
normal *normal*
norteño *northern person*
nos: nos ayudó *s/he helped us*
nosotros *we, us*
noticias *news*
nuestra(s) / nuestro(s) *our*
nueva / nuevo *new*
   de nuevo *again*
número *number*
nunca *never*

O

o *or*
observa *s/he observes*
observan *they observe*
observando *observing*
obvia *obvious*
océano *ocean*
oficial *officer*
oír *to hear*
ojos *eyes*
olvidarnos: vamos a olvidarnos de *let's forget about*
oro *gold*

otra(s) / otro(s) *another, other*
oye *s/he hears*

P

padre *father*
padres *parents*
palabras *words*
pálida / pálido *pale*
palmeras *palm trees*
pan *bread*
pantalones *pants*
   pantalones cortos *shorts*
papá *dad*
para *for, in order (to)*
   para allá *(to) there*
parece *s/he / it appears*
   se parece a *s/he looks like*
pareja(s) *couple(s), pair(s)*
parte *part*
   (por) todas partes *everywhere*
pasa *s/he / it passes, spends (time), is happening*
   no me pasa nada *nothing is wrong with me*
pasan *they pass*
pasar *to happen*
pastel *cake*
peces *fish (plural)*
películas *movies*
peligroso *dangerous*
pelo *hair*
península *peninsula*
pensaban *they thought*
pensamientos *thoughts*
pensando *thinking*
pensar (en) *(to) think (about)*
   lo va a pensar *he's going to think about it*
pensé *I thought*
peor (que) *worse (than)*

pequeña(s) / pequeño(s)
small
perdías *you lost*
pero *but*
perseguir *to pursue*
persona *person*
personas *people*
pescado *fish*
pictórico *pictorial*
pide *orders*
pie *foot*
   a pie *on foot*
piensa (en) *s/he thinks (about)*
piensan *they think*
piensas *you think*
pienso *I think*
piernas *legs*
pies *feet*
pirámide(s) *pyramid(s)*
pizza *pizza*
placer *pleasure*
plana *flat*
plantas *plants*
plataforma *platform*
playa(s) *beach(es)*
pobre *poor*
poco *little (quantity)*
   un poco *a little*
pocos *a few*
podemos *we can*
(el) policía *(the) policeman*
(la) policía *(the) police*
pollo *chicken*
pone *s/he puts*
   se pone *s/he becomes, gets,*
   turns
   se lo pone *s/he puts it*
populares *popular*
por *through, for*
   por encima *on top*
   por fin *finally*

por mucho tiempo *for a long time*
por todas partes *everywhere, all over the place*
por qué *why*
porque *because*
posible *possible*
posiblemente *possibly*
precioso *gorgeous, precious*
pregunta *s/he asks*
   se pregunta *s/he wonders, asks h—self*
preocupa: se preocupa *s/he worries*
preocupaciones *worries (n)*
preocupado (por) *worried (about)*
primera/primero *first*
problema(s) *problem(s)*
prometo *I promise*
   te lo prometo *I promise you*
pueblo(s) *people, town(s)*
pueda: posiblemente pueda hacer algo *maybe he can do something*
puede *s/he can*
pueden *you (plural) can*
puedes *you can*
puedo *I can*
puerta *door*
puerto *port*
pues *well, then*
puntas *points*

Q
qué *what, how, what a*
   qué bueno *great, very good*
   qué interesante *(how) interesting*
   qué tonto *what a fool, how dumb*

que *that, than*
    más… que *more… than*
    peor… que *worse… than*
queremos *we want*
queso *cheese*
quien(es) *who, whom*
quién(es) *who, whom*
quiere *s/he wants*
quieren *they want, you all want*
quieres *you want*
quiero *I want*
quita *s/he takes off*

R

rápidamente *quickly*
rara *rare, unusual, strange*
razón *reason*
    tiene razón *is right*
realidad *reality*
realmente *really*
reciben *they receive*
recoge *s/he picks up*
recuerdas *you remember*
recuerdo *I remember*
reflejo *reflection*
refresco *soft drink*
regalo *gift*
regresa *s/he returns, goes back*
regresan *they return*
regresar *to return*
religión *religion*
relojes *s/he watches*
repite *s/he repeats*
representa *s/he represents*
respirar *to breath*
responde *s/he responds*
restaurante *restaurant*
resultar *to turn out*
rica *rich*
ríe: se ríe *s/he laughs*
ríen: se ríen *they laugh*

rincón *corner*
roba *s/he steals*
robas: le robas a una mujer
    you steal from a woman
robaste *you stole*
robó *s/he stole*
rojo *red*
ropa *clothing, clothes*
ruinas *ruins*

S

sabe *s/he knows*
sabemos *we know*
saber *to know*
sabes *you know*
sabía *I knew*
sale *s/he leaves, goes out*
salen *they leave*
salir *to leave*
sándwich *sandwich*
se *himself, herself, itself,*
    themselves; each other
    se hablan *they talk to each*
    other
    se llama *it is called, s/he calls*
    h—self
    se lo pone *s/he puts it*
    se miran *they look at each*
    other
    se pregunta *s/he wonders,*
    asks h—self
    se sube *s/he gets on, in*
sé *I know*
    sé bailar *I know how to dance*
seas: no seas *don't be*
    (command)
secreto(s) *secret(s)*
sed *thirst*
    tienen sed *they are thirsty*
segura / seguro *sure, certain*
seguramente *definitely*

seis *six*
selva *jungle*
señor *Mr., sir*
señora *Mrs, older woman*
señores *men*
sentado / sentada *seated, sitting*
sentar: se va a sentar *is going to sit*
sentarse *to sit down*
ser *to be*
si *if*
sí *yes*
siempre *always*
sienta: se sienta *s/he sits down*
sientan: se sientan *they sit down*
siente: se siente *s/he feels*
siento: lo siento mucho *I'm very sorry*
sigue *s/he continues, keeps (on)*
siguiente *following, next*
   al día siguiente *the next day*
similar *similar*
simpática *nice*
simplemente *simply*
sin *without*
sobre *about*
sol *sun*
sola *alone*
solo *only, alone*
somos *we are*
son *they are*
sonríe *s/he smiles*
sonríen *they smile*
sonriendo *smiling*
sorprendida / sorprendido *surprised*
soy *I am*
Sr. (señor) *Mr.*
Sra. (señora) *Mrs.*
su(s) *his, her, their, your*

sube: se sube *s/he gets on, in*
suben *they climb*
   se suben a *they get on, they climb*
subir *to climb*
suelta *s/he lets go of; let go of (command)*
suéter *sweater*
súper *super*

T
también *too, also*
tampoco *neither*
tan *so, as*
tanto *so much*
tarde *late*
te *you*
techo *roof*
templo *temple*
tenemos *we have*
   tenemos muchos años en *we've been in… for many years*
tener *to have*
tengo *I have*
   tengo hambre *I'm hungry*
tenido: no ha tenido tanto miedo *he hasn't been so afraid*
terrible *terrible*
tiempo *time*
   por mucho tiempo *for a long time*
tienda *store*
tiene *s/he has*
   tiene hambre *s/he is hungry*
   tiene que *s/he has to*
tienen *they have*
   tienen calor *they're hot (people)*
   tienen sed *they're thirsty*

tienes *you have*
tierra *land*
típico *typical*
tipo *type, kind*
tocando *playing (music)*
toda(s) *all*
    por todas partes *all over the place, everywhere*
todavía *still*
    todavía no *not yet*
todo *all, everything*
    de todo *all kinds of things*
todos *everybody, all*
    todos los que *everyone who*
toma *s/he takes*
tomar *to take*
tonta / tonto *fool, silly, dumb*
    qué tonto *what a fool, how dumb*
trabajan *they work*
trabajando *working*
trabajo *work, job*
transportar *to transport*
trata (de) *s/he tries*
tratan *they try*
tres *three*
triste(s) *sad*
tropical *tropical*
tu(s) *your*
tú *you*
turista(s) *tourist(s)*

U
Ud. (usted) *you*
Uds. (ustedes) *you (plural)*
un, una *a, an, one*
unas *some, a few*
única *only*
unidos *united*
uno *one*
unos *some, a few*

usa *s/he uses*

V
va *s/he goes, is going*
    se va *s/he leaves, goes away*
vacaciones *vacation*
    de vacaciones *on a vacation*
vale *it is worth*
valor *value*
    tiene valor *is valuable*
vamos *let's go, we're going*
van *they're going, they go*
vas *you go, you're going*
ve *s/he sees*
veces *times, instances*
    a veces *sometimes*
veinticuatro 24
ven *they see; come (command)*
venir *to come*
veo *I see*
    la primera mujer que veo *the first woman I've seen*
ver *to see*
veras: de veras *really*
vergüenza *shame, embarrassment*
verla / verlo *to see it*
verte *to see you*
ves *you see*
vestido(s) *dress(es) (noun)*
vez *time, instance*
    en vez de *instead of*
vi *I saw*
viajan *they're traveling*
viaje *trip*
    está de viaje *is on a trip*
vida *life*
vieja(s) / viejo(s) *old*
viene *s/he comes*
vienen *they come*
vine *I came*

G-13

visitar *to visit*
vive *s/he lives, is living*
vivían *they lived*
vivimos *we live*
vivir *to live*
vivo *alive*
volver *to return*
voy *I go*

voz *voice*
vuelta: se da la vuelta *s/he turns around*

Y

y *and*
ya *now, already*
yo *I, me*

Graded Readers

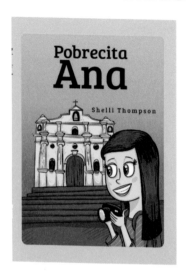

Pobrecita Ana

Ana, a 13-year-old-girl from California, is disappointed with the lack of friends that she has in her community. When she gets an opportunity to go to Guatemala for a visit, her mother encourages her that she can handle anything she faces one by one.

Berto y sus buenos amigos

Berto is up to his old tricks again as he spends the day with his good friends. For Berto, this is a recipe for disaster. They spend the day cooking, playing soccer, and making messes. What will Berto and his good friends do to become famous on YouTube?

More available at TPRSbooks.com

Bart quiere un gato

Bart realizes something is missing in his life. He embarks on a search for the perfect cat! Help him find it with twists and turns galore! YOU decide where the story goes....it's your story. But beware, for there could be danger lurking at any given turn! And once YOU finish, read the story again to find all of the different endings!

María en Miami

María's friends are going to Miami for spring break, but María's parents won't let her go. As María sees her friends social media posts about preparing for the trip, she starts to feel more and more frustrated with her situation. Would she do absolutely anything to go?

Graded Readers

Cuyes en Crisis

All is well in the guinea pig community in Ecuador. Well, all except for that pesky DaVincuy always trying out his new inventions. Things take a turn when an amazing, charismatic new cuy arrives causing DaVincuy to question his worth. Will his fellow guinea pigs recognize his value during an unexpected crisis involving life or death?

Orión

Orión is loved by his family but misunderstood by many as being violent and aggressive. The town where he lives is destroyed by heavy rains and a river of mud flows freely and violently, separating people from safety and their loved ones. Can Orión help bring them to safety? Inspired by true events, Orión is a story of hope, friendship, and survival against all odds.

More available at TPRSbooks.com

Patricia va a California

Patricia visits California as an exchange student from Guatemala. As an exchange student, she is treated poorly by a girl named Debbie. Debbie finds herself in a dangerous situation with an unexpected hero to her rescue...

Berto y sus buenas ideas

School can be boring, but for Berto it's really boring. His imagination and the city of Madrid are his only escape from teachers that talk too much, sleep too much, yell too much, and sing too much. Where will his imagination take him?

Graded Readers

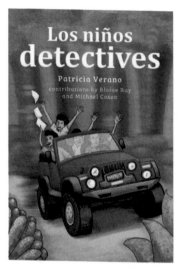

Los niños detectives

Alberto is not interested in science and prefers drawing everything that he sees. One day, Alberto and his friend Pedro witness something suspicious and end up combining their talents in order to solve a mystery that involves saving missing animals.

Daniel el detective

Daniel lives in Spain and dreams of becoming a detective like Sherlock Holmes. He receives a ticket for La Tomatina, a famous tomato-throwing festival, and he can't wait to go with his friends. When Daniel wakes up in the morning, he discovers his ticket is missing! Will Daniel be able to put together the clues to find the missing ticket and attend La Tomatina?

More available at TPRSbooks.com

Pobre Ana bailó tango

After her trip to Mexico, Ana gets an opportunity to improve her Spanish and learn to dance the tango. She travels to Argentina where she meets new friends and learns about Argentine culture.

Pobre Ana

Ana gets an opportunity to go to Mexico. She goes to a small city where she lives with a nice family that faces similar challenges to those of her own family. Her view of her life changes radically. When she gets back to California, she sees everything in a different light.

Graded Readers

El viaje de su vida

Carlos is excited to go on his first cruise with his family. While on the cruise he witnesses a crime that turns him from a tourist to being engrossed in solving a mystery. His bold actions eventually lead him to the top of an ancient Mayan ruin, where his life is in great danger.

El viaje perdido

Carlos and Jaime from Ohio travel to Puerto Rico on a Caribbean cruise. The fun quickly ends as they find themselves stranded without any money, resources, or contacts. What will happen when Carlos and Jaime get caught in a lie during their lost trip?

More available at TPRSbooks.com

Pobre Ana Moderna

Ana thinks her life is so bad because things aren't going her way with her family. When she compares herself to her friends, things get even worse. Her only solution is to go to Mexico for a couple of months and escape all of her problems. Will a summer in Mexico be the answer to her problems or will things in her life stay the same?

Mi propio auto

Ben is shocked when his parents give him a trip to El Salvador for his birthday instead of a new car. In En Salvador he builds homes for earthquake victims and has a few unexpected encounters with some goats. What will Ben learn about life and himself as he spends his summer in a new culture? Will he return home and finally get his own car?

Graded Readers

La Estatua

When Lola's dad returns home from a trip to the Yucatan Peninsula in Mexico, he brings a special gift. It isn't the gift they all expected because this gift has mystical powers that haunt the family. Find out what Lola can do to escape the powers of the Chacmool and rescue her family from its TERROR!

¡Viva el toro!

Bullfighting is seen as a vicious and cruel spectacle of blood that continues to flourish in Spain. Some view it as an honorable contest between a brave matador and a vicious beast. Join Cristina as she travels to Seville and experiences bullfighting for the first time. During the event, will she be horrified by the cruelty or mystified by the beauty?

More available at TPRSbooks.com

Casi se muere

This is an engaging story with a bit of romance about an American girl who goes to high school in Chile. While there, she meets two Chilean boys, a nice one and a mean one. Quick action must take place in order to save the mean boy's life.

Nueva escuela, nuevos amigos

Antonio is new in school in Santiago de Chile. He doesn't know anyone, but soon adjusts to his new school. As he meets new classmates, he is befriended by Adela, Félix and Elena - but what are their true intentions? As their relationships grow and change, Antonio and his new friends face new realities and challenging decisions.

EXPLORE OUR
OTHER SPANISH TITLES